「生命の喜ぶことをすると、
　人は、快く感じる」

生命にとって間違ったことをする
と、痛みや苦しみを感じる。
人というのは、生命というのは、そ
のように出来ている。

JN044505

1

「シンプルでパワフル」

これは、豊かな人生を歩む上での極意。シンプルであるほど、パワフルになる。
頭の中、心の中、使う言葉がシンプルであるほど、行動もシンプルになり、そのもつパワーがより大きく発揮される。

「いつも、一生に一回」

人は、誰でも、一生に一回しかない
ことをし続けている。幸せになりた
い人が、幸せになりたい分だけ幸せ
になるのが人生。
自分が望んだ以上のことは起こら
ない。
何を望むかを決められるのは、自分
本人だけ。

「心清き人　声に香りあり（良寛）」

声には、その人の心の状態が現れている。朝の「おはよう」のひとことの、声の響き、高さ、つや、ひろがりを観てみる。
自分や、相手の声の響きに関心をもつことで、互いの心を感じ合うことが始まる。

「人はみな最善を尽くして
　今そこにいる」

どんなにおっちょこちょいでも、強
がりで頑固でつっぱっていても、自
己主張ばかりでエゴまみれでも…
どんな人でも、最善を尽くして、今
そこにいる。

「生活力とは」

生活力、というのは、人に、上手に、
ものを頼める力（力量）のこと。
人は、人の中（間）で生きている＝
人間。
もし人生で大きな目標をもったと
き、自分だけでできるようなことっ
て、限られているものね。

「距離はあってないようなもの」

距離感は自分の考え（観念）が作り
出している、ということに気づくこ
とで、意識の壁がとれて、選択肢が
大きく広がります。
人との距離、物や、実現したい夢と
の距離などもそうです。
さて！富士山とハグをしよう。

「具体的に動くこと」

「具体的に動く」と、「具体的な答え」
が出ます。
シンプルな仕組みです。
具体的な答え（結果）を出したい時
は、具体的に動くこと。
可能性と自分をつなげるのは、「具
体的に動く」ということ。

「新しいコトにトライするとき」

コツがあるとしたら、「まずやると
決める。そこから頑張る」コト。
そもそも自分にとって未開発ゾー
ンに行こうとしているのですから。
出来ない言い訳をすることよりも、
決めた結末に向かって具体的に頑
張る。条件はあとから追いついてく
る。

9

「目の前の人を受け入れるには」

人はみな、生まれも育ちも違えば、それぞれが培った基準点、視点、世界観はばらばら。魔法のキーワードは「ああ、そうなんだ」です。嫌感をつかんでいる自分のことも同時に受け止めて、一旦ニュートラルに。そこから始めてみよう。

10

「違いをつくる」

人は、一日に一つ違いをつくると、
一週間で人が変わるといいます。そ
れも具体的な、行動レベルの違いを
作る。
いつもと同じやり方を繰り返せば、
結果も同じ。
普段、習慣として行動していること
を、あえて変えることで、結果も変
わる。

**「風邪をひく人というのは、
　体の弱い人ではない？」**

風邪は、ひいてもいい人がひくのだ
という見方があります。
普段は風邪をひかないけれど、お正
月やお盆になると、短期間だけ寝込
むという人がいます。
良い悪いは別として、風邪をひいた
ときというのは、風邪をひいた方が
良い時、なのかもしれないです。

「与え続ける」

これはスゴイキーワード。
まさにこの「与え続ける」を生きて
いる人はたくさんいて、どこからそ
の力がわいてくるのですか？とき
くと、「困っているその人たちを、
ほっておけないから」「自分しかや
れる人がいないから。」「自分の天
命だから」…しびれますね。

「出逢いは奇跡」

世界 73 億人いる中で、今、出逢え
ていると思うと、73 億分の 1 の奇
跡の出逢い！
世界中の人に、順番に会って、握手
とハグで 5 秒として、隙間なく会
うと…単純計算で 69444 年。
100 歳まで生きても、694 回生ま
れ変わらないと無理（笑）
出逢いの瞬間とは、尊いもの。

「YOU ARE THE WORLD」

あなたは、世界の一員なんだ。インドの哲学者クリシュナムルティが言った言葉。
誰かが平和を作るのではなく、私たちなんだ。私の中に世界がある。私の中に争いがある限り、世界に争いがある。
私の中に争いがある限り、世界に平和がこない。

「自分を好きになる方法」

自分のことを好きになろうとすると、結局は、「どの様だったら好きなのか」という条件を満たすゲームに終わってしまう。
自分を好きになる方法は、自分の体の中を流れる血液の動きや、心臓の音に、ただ耳を傾けることから始まる。

「水は、無条件のモデル」

水は、空から雨などの形で降りてく
る。どこに落ちるか選り好みしない。
落ちたところに馴染み、無条件に形
を変える。大地を流れて何かを運び、
動物の体に取り込まれたら、酸素や
栄養を運び、熱を伝えたり老廃物を
流したりする。役割を終えたら、静
かに天に戻る。
私たちの体の約 80％は、その無条
件の水。

「一秒間に伝わるもの」

虫の知らせって本当にあります。光で例えると1秒間に地球を約7周半のスピード。
部屋に入ってきたその人が機嫌が良いのか悪いのかは、会話をする前から感じとれます。顔はニコニコでも、心の中の本音とのギャップは伝わるものです。
今自分は、心と体で何を伝えるのか。

「"いま・ここ"にいる」

人は、"いま・ここ"にいるとき、もっとも高いパワーを現す。考えや意識は、体を離れて、どこにでも行くが、体は、"いま・ここ"にしか居れない。過去や未来に捉われて、考えと体がバラバラのとき、パワーが分散。
頭と体をつなぐのは呼吸。"いま・ここ"のヒント。

「選んで生きる」

自分は、待ちにまった朝を迎え、生きることを選んで生きているのか。当たり前のようになんとなく生きているのは、半分死んでいる。時間通りに行くのも、5分遅れるのも、3分早めに行くのも、全部自分で選んでいる。
いつも自分の選択によって生きている。

「人間にとって
　一番大切な力は何か」

それは「思う」力なのだといいます。
思うところから、人生がスタートす
る。夢の実現も、誰かに何かを伝え
るのも、人を愛するのも、家族を大
事にするのも、思うところから。
さて、自分は今何を思うのか。

「壁は越えられるのか！？」

自分に越えられない壁は、目の前に
現れないと言います。越えられる自
分になるまでは、それは壁ではなく、
とある景色に過ぎない。自分が次元
上昇したら、それに見合った壁が現
れる。夢や目標と壁はセット。
大きな壁がありまーす！と明るく
言いたい。

「勇気を与えるもの」

ドラえもんが、ポケットから出せない唯一のものは、「勇気」だそうです。なぜか。その人の中にあるから…かな。

人が、今まで出来なかったこと・やらなかったことを実行する、未体験ゾーンにトライする姿は、人に勇気を与える。

勇気が勇気に共鳴して目を覚ます。自分も、勇気を与えられる人になろう。

「可能性の畑が広がるとき」

自分にとっての「ふつう」「当たり前」「特別」などの思い込みや錯覚に、自分が「支配されて」いたことに気づくと、成長が始まり、人生の流れが変わってくる。
可能性の畑がパーっと広がっていく。

「流れを変えたいときは、
　呼吸を変える」

深呼吸をすると、すぐさま変わるし、
たとえば、コーヒー飲んで「ふぅ〜」、
おいしい食べ物に「はぁー♡」、お
笑いをみて「わっはっはっ」とかで
も、呼吸は変わるんだよ。

「約束というのは、自分とする」

人と約束するというのは、実際はないんです。
私たちの人生が狂いかけるのは、人と約束した、と自分で思ってしまうからです。

「自分で選んでいるかも」

自分は変わりたい、成長したいといいながら、何度宣言しても、また元の自分と同じことを繰り返している場合、
「現在地がこよなく好きかもしれない」と、ポジティブに疑ってみる。
それは、「成長できない」というよりも、「成長したくない、今のままでいたい自分」がいるのかなと。
「自分で選んで、そうしている」と気づいたら次へ 行くとき。

「すべて自分の人生」

自分の人生に、１００パーセント参加したときに、人は幸せになる。９９パーセントではダメなんです。１００かゼロか。飛行機や新幹線に９９パーセントだけ乗れない。９９パーセントだけ妊娠するっていうのも無理。人生は、部分的に生きることはできない。すべて自分の人生。

「言葉は力もち」

　日常使っている「言葉」には力があって、その言葉で、命が救われたり、心がホッとしたり、ガッカリしたり、ひどく傷ついたり。使い方によっては、石にも矢にも、機関銃にもなるし、水や風や花のようにもなる。どんな意識でどんな言葉を使うかが、とても大事。

「頭の中のスタッフ」

自分の頭の中には、どんなスタッフ
が、何人いるだろう。
対話の相手、助言者、寄り添ってく
れる存在、アドバイザー。叱咤激励
の担当、母親役、父親役、師匠役・・・
多くのスタッフさんたちが辛口が
過ぎたり、ネガティブなプレッシャ
ーばかりだと息がつまりますので、
心を支える側にいてもらいましょ
う。

「緊張するときって、どんなとき」

良い悪いは別として、それは「自分を守る」ときなのだそう。外敵から身を守らなければならないときにぱっと緊張して反応する大切なしくみ。緊張で身動きとれない時、「体が震えて、息が浅くて、胃のあたりがかたまって、汗かいて…」をそのまんま、「あー私いま、キンチョーしてるわー」と受けとめると、体の震えもとまる。ためしてガッテン。

「ひらめきがほしいとき」

自分の頭とカラダに、ひらめいても
いいスペースを作りましょう。頭の
中が、考え（言葉＝音）でいっぱい
つまっていると、うるさくて他の音
が聞こえないからです。
めい想や座禅は、呼吸とひとつにな
る。自分の中身が、スペースそのも
のになるので、ひらめきをキャッチ
しやすくなりますね。

「相手を大切にする
　コミュニケーション」

人とコミュニケーションを作って
いく上で、重要なポイントの一つは、
相手の使った言葉の中で、その人に
とって最も価値ある言葉をそのま
まくり返す。相手の使っている言葉
を、違う言葉に言い換えると、その
人の中に、違和感や抵抗が生まれて、
会話をしているうちに、ぎこちなく
なって距離が生まれてきます。

「口ぐせからわかること」

「人のせいにしたくありませんけど…」って言っている人は、人のせいにしたい気持ちがあったりする。「正直言うとね」「実を言うと」「さっきも言いましたが」…いろいろな口ぐせがあるものです。人は３分間しゃべると、どういう意図をもっているか、どのレベルにいて、どういう精神状態で、どういう育ちで、など、多くのことがわかると言われています。

「人間の感情について」

人間の感情というものは、自分でコントロールしているもの。悲しくなるのも、イライラするのも、誰かのせいではなくて、自分が選んでいる。そのことに気づいているからこそ、自分から相手に心を配ることができる。
気づいていない時期は、感情にはまるし、相手と自分の問題もごっちゃになるし、エンドレスです。

「願望をもっている時は、
　磁石みたいなものが働く」

明確な願望をもっていると、潜在意
識は、終局的に、良い事につながる
チャンスだけをつかまえるように
導いてくれる。
言葉にしたり、イメージ画像をみる
ようにすると、実現を早めることが
できるという特徴もあります。

**「与えられる側は、常にひよわで、
　不満とおびえをもっている」**

与えられなくなったら今の生活の
バランスが崩れることを知ってい
るから。力強くなりたいと思ったら、
人に与える体験・喜んでもらうチャ
ンスを増やしていく。

「やる気がでない時、
　どうしたらいいのか？」

順番からすると、やる気があるから
行動する、ではなくて、行動するか
らやる気がでるんですって！
やる気スイッチは、まず行動するこ
とでオンになるんだ。

「人からの愛を受け取るとは」

頑張り屋さんは辛いときでも大丈夫と言ってしまう。
つまづいて助けられた時、その人から、助けるチャンスをありがとうって言われた。
愛するというのは愛される人がいてこそ。

「歩く姿というものは」

その人の現在地が映し出されているといいます。
健康、人柄、生き様などが、かもしだされる。
だれかと、少しの時間、一緒に歩いてみると、その人がじわじわ伝わってくるものです。

「基準点は選べる」

優れた人の近くにいると、自分の出来ていないことが目立つのは当たり前。その時、自分はダメだと落ち込むこともできるし、優れた点を学んで自分にプラスしていくことも。選ぶのは自分次第。

「正当化をやめると…」

「人は、正当化をやめたぶんだけ、怠惰心が消え、疲れなくなって、健康になる。」

やると決めた目標を振り返る時に、出来たことも、出来なかったことも、１００％現在地を受け止めて、次の一歩を踏み出すかどうか。

「ピンクのぞうさん」

「今から、頭の中に、ピンクのゾウ
さんだけは、絶対に思い浮かべない
ように。」
と言われると、すでに頭の中に…笑。
潜在意識にマイナスのメッセージ
（否定文）は通じない。
ものごとを前に進めたい、夢を実現
したいときに、宣言は肯定文でする
必要がある。

「あなたがいるから今の私がいる」

人は、それまで関わってきた人によって、形作られている。
両親はもちろん、ご先祖様も含めて今までに関わった全ての人から、影響を受け、支えられてこそ、生きている。

「幸せは自分の内側にある」

幸せを外に求めている時は、自分は幸せではないという前提に立っているから、結果幸せにはならない。自分の中の幸せが目覚めるかどうか。すでにある幸せに気付くかどうか。

「でも」「しかし」

…という言葉は、
今までの話を全部ひっくり返して
しまう。この言葉のあとからが、そ
の人の本音。自分を含めて誰かが
「でも」を使っていたら、そこから
先は注意して耳を傾けましょう。

「真の集中とは、リラックスして
　とてもパワフルということ」

スポーツでも、がちがちに力を入れ
続けたら、良いパフォーマンスは出
ません。肝心なその瞬間に最大限の
パワーを出す、その土台はリラック
ス上手。

「自分はだめだーって
　思いこまないほうがいいです」

どうせ思い込むなら、自分は意外と
いけてる。運がいい。素敵な出会い
がある。人生が豊かになる。とんち
んかんでも明るい思い込みの方が
いいです。

「挨拶の言葉の意味」

「挨拶」の「挨」は心を開く、「拶」
は心を相手に近づけるという意味。
実際に挨拶をするとき、目も合わせ
ずに「おうっ」で終わってはいない
か。声と言葉は明るくても心はどう
か。
挨拶は、心なんだね。

「荷物が積もるわけ」

気が付くと、重たい荷物を常に背負って歩いている。
「いつか読むつもりの書類」がカバンを重たくしていく。
心の荷物も同じ。「いつか伝えたい…」「いつかやりたい」の積もりもの。どれも「いつか」が共通。

「まず先に与える」

たらいの水は、先に引き寄せると、その後逃げていき、先に押し出すと、その後返ってくる。まず自分から声をかける。微笑みかける…そんなところから「与える」をスタートしてみる。

「どんな呼吸をしているか」

怒り、ヒステリー、悲しみに満ちた
人の吐く息には、動物の体に影響を
及ぼすほどの毒素が含まれている
そう。気持ちよく息をしている人の
そばに、いつまでもいたくなるわけ
ですね。

「ゆるすことって…」

イライラして心がぎゅーっとなっ
ていると、眉間に縦シワとか、目が
サンカクとか。
ある日そんな人が、「まいっか。」
となったとたんに、シワがゆるみ、
目もやさしくなります。

ゆるすことって、美容にいい（笑）

53

「心をとどける」

カフェのお兄さんが「綺麗なハートができたよーどうぞ」と嬉しそうに出してくれたカフェラテ。飲み物にプラスして、お兄さんの喜びや温かい心が届く。
自分の今している仕事にも、笑顔や心をプラスできる。

「壁を越えられないとき…」

思いつく手は尽くしたけれど、壁を越えられず、前にも後ろにも動けないなぁという時は、
少し身近な人の応援をして、なんだかんだやっているうちに、あれ？っと次の次元に行っています。そういうものです。

「最近自分らしくないなぁと
　感じたときは、歩きに行く」

呼吸を感じながら、太陽の光を感じ
ながら。そして、足の裏や体重、地
球を感じながら歩く。
本来の自分を取り戻す、最短ルート
と言われています。

「人に誘われたときというのは、
　人生の分かれ目」

OKと受けて誘いに乗っていくと、
新しい可能性も出てきて、人生の流
れが太くなっていく。
自分を誘ってくれる人が１００人
もできたらもうコケようがない。

「毎日が特別な一日」

朝、目が覚めて、水も食べ物もあって、家族がみな無事で、自分の体も動いて、仕事にも行けて、銃弾も飛んでこなくて…
実は、毎日綱渡りのように、たくさんの力に支えられて生きている。

「If you build it, he will come.」

映画「フィールド・オブ・ドリームズ」の中に出てくる名セリフの一つ。
さて、自分は、誰のために、何をbuildするのか？
どんなメッセージを受け取っているのか？

生きるのが少しラクになる本　I Love You

2021 年 8 月 8 日 第 1 刷発行

著　者　つりべ みどり

発行者　釣部 人裕

発行所　万代宝書房

　〒176-0002 東京都練馬区桜台 1-6-9-102

　電話 080-3916-9383　FAX 03-6914-5474

　　　　ホームページ：http://bandaiho.com/

　　　　メール：info@bandaiho.com

印刷・製本　日藤印刷株式会社

ISBN　　978-4-910064-50 -5　C0036

装丁・デザイン／石黒順子